AF321998

CONGRÈS DE LA PRESSE DÉPARTEMENTALE

—

LETTRE

A MM. LES DÉPUTÉS

AU CORPS LÉGISLATIF

AU SUJET

DU PROJET DE LOI SUR LA PRESSE

1867

A MM. LES DÉPUTÉS

AU CORPS LÉGISLATIF

Messieurs les Députés,

Investis d'un mandat que nous avons à cœur de remplir entièrement, plus encore dans l'intérêt du pays que dans celui de nos mandataires, nous avons l'honneur de soumettre à votre haute sagesse de loyales observations à l'égard du projet de loi sur la presse dont vous avez été récemment saisis.

Ce projet de loi nous paraît incomplet en plusieurs points, et, malgré l'application bienveillante qu'y ont apportée ses rédacteurs, il ne répond pas tout-à-fait aux espérances que l'on en avait conçues. Nous avons tout lieu de penser que vos délibérations et vos votes, en le modifiant, le mettront mieux en harmonie avec l'équité stricte, avec le droit commun qui est votre règle et votre loi, à l'encontre de tous les priviléges de quelque nature qu'ils soient, surtout avec les intentions si généreuses et si libérales de l'Empereur.

I

Lorsque furent présentées, en 1835, des lois qui sont demeurées, pendant treize années, le Code de la presse, un exposé de motifs fut rédigé, où se rencontre ce passage :

« Une partie de la société vit au milieu de la plus épouvantable anarchie; on

dirait, en lisant les papiers publics, que la France est déchirée en une multitude de gouvernements qui se disputent le pouvoir à l'aide de l'injure, de la calomnie, de la confusion de tous les principes politiques..... Il faut des peines sévères contre les délits, des peines énormes contre les crimes qui s'adressent à la personne du roi, au principe et à la forme de son gouvernement. C'est la condition sans laquelle il ne peut y avoir de liberté de la presse. Autrement cette liberté dégénère en licence, et la licence de la presse finit par devenir funeste aux gouvernements les mieux constitués. »

Ces observations vous paraîtront justes, et vous ne trouverez pas inutile ou indiscret qu'on les rappelle au moment où vous allez voter une loi sur la presse. Seulement, nous en avons la certitude, vous ne vous laisserez point dominer, Messieurs les Députés, par les sentiments exclusifs, intolérants, et pour ainsi dire cruels, que l'on s'efforçait d'inspirer aux législateurs de 1835, lorsque les ministres leur disaient :

« Il faut distinguer entre la presse constitutionnelle, opposante ou non, et la presse républicaine, carliste, ou dans des principes de tout autre gouvernement qui ne serait pas le nôtre : celle-ci, nous ne le nions pas, nous ne serions nullement disposés à la tolérer. Notre loi manquerait son effet si toute autre presse que la presse monarchique constitutionnelle pouvait se déployer librement après sa promulgation. Il n'y a pas, en France, il ne peut pas y avoir de république, de gouvernement légitime restauré. L'invocation de l'un ou de l'autre serait un délit et même un crime aujourd'hui ; et un délit ou un crime ne peut pas avoir d'organe avoué de publicité. La République punissait de mort la simple proposition de retour à la monarchie. La Restauration avait des peines très-graves contre ceux qui contestaient que les rois tenaient le pouvoir de leur naissance. Comment l'une et l'autre auraient-elles reçu la proposition d'une presse à l'appui d'un gouvernement qui leur aurait été opposé ? »

Éclatant témoignage d'un progrès dont notre civilisation politique a le droit de s'enorgueillir, vous êtes, Messieurs, et nous aimons à vous en louer, infiniment plus libéraux que les gouvernants de 1835, dont la pensée implacable se traduisait en ces lignes. Toutefois, attentifs et clairvoyants, vous vous tiendrez en garde contre des entraînements susceptibles de créer de sérieux embarras, même de graves périls; et si vous favorisez, au nom de la liberté, la presse opposante, à quelque nuance de l'opinion qu'elle appartienne, vous veillerez scrupuleusement à ne point compromettre l'existence d'une autre presse qui, on ne le contestera point, a rendu et rend encore, dans ses impulsions indépendantes, honnêtes et sincères, des services assidus au pays et à l'Empereur.

C'est pourquoi, Messieurs, nous comptons sur vous, sur votre dévouement et vos lumières, pour introduire des modifications notables dans le projet de loi sur la presse soumis à vos délibérations.

II

Nos observations porteront sur quatre points principaux, savoir :
1° Le timbre des journaux politiques;
2° Le *Moniteur*;
3° La taxe postale;
4° Le timbre des feuilles dites littéraires.
Sur ces divers sujets nous appelons, Messieurs les Députés, votre attention la plus sérieuse.

III. — LE TIMBRE.

Le taux actuel du timbre imposé à la presse politique (6 centimes à Paris et 3 centimes en province) a un caractère purement fiscal. Il est trop élevé et doit être amoindri. En effet, il rend précaire l'existence d'un grand nombre de journaux, surtout dans les départements, et constitue un impôt ruineux pour la plupart d'entre nous. Nous ne disons pas métaphoriquement, comme d'autres s'y appliquent, qu'il est une entrave calculée à la circulation de la pensée; nous nous bornons à faire observer qu'il est hors de proportion avec les nécessités auxquelles le législateur a voulu pourvoir. Combiné avec le droit de poste, le droit de timbre absorbe la presque totalité du prix d'abonnement des journaux; seulement, tandis que la taxe postale est la rémunération d'un service réel, le timbre, lui, est onéreux sans compensation; c'est un impôt qui peut se justifier à la condition d'être modéré, mais qui devient illégitime et impopulaire s'il est excessif dans son chiffre.

Nous comprenons qu'on ne le fasse point disparaître tout d'un coup, à cause surtout du trouble qui en résulterait dans l'équilibre du budget; mais nous ne saurions admettre qu'on le maintînt intégralement, avec toute l'extension que lui a attribuée la loi de 1851 ; nous ne pouvons croire, Messieurs les Députés, que vous le conserverez sans aucune modification dans la charte que vous allez tout-à-l'heure donner à la presse.

Tant que la règle qui nous régit est demeurée entière, nous n'avons point réclamé ; c'est-à-dire nous avons subi sans murmure la taxe du timbre, puisqu'elle était établie, et qu'il nous semblait difficile d'y toucher sans remanier entièrement la législation qui nous concerne. Mais quand cette législation va être refondue, nous avons le droit de vous adresser nos plaintes, et le devoir, mandataires que nous sommes de toute la presse départementale, de vous demander une atténuation des charges fiscales si lourdes à tous nos confrères comme à nous-mêmes.

Du reste, le principe d'une diminution dans l'impôt du timbre avait été reconnu et proclamé dans la première rédaction du projet de loi envoyée au conseil d'État, ensuite de la lettre mémorable du 19 janvier. En effet, un article de ce projet portait en substance : « Le timbre des journaux est fixé à 4 centimes à Paris et à 2 centimes dans les départements. »

Il y avait là une atténuation de 2 centimes pour Paris et de 1 centime seulement pour la province. On s'était trompé évidemment en ne diminuant pas le timbre d'une manière égale dans les départements et dans la capitale, et le Congrès que nous représentons s'était légitimement plaint de cette injustice ; toutefois, on établissait le principe de la modération des taxes, et nous nous affligeons à bon droit que, dans le projet de loi définitif qui vous est soumis, on le méconnaisse et l'on s'en écarte.

Dans notre Mémoire du 18 janvier, qui vous a été adressé, Messieurs les Députés, mais qui avait surtout pour objet et pour but d'éclairer la religion des Ministres et des membres du Conseil d'État, nous disions :

Le législateur de 1851 avait justement pensé que les charges considérables qui pèsent sur la presse départementale exigeaient en sa faveur une modération dans l'impôt du timbre ; de là est venu l'écart de 3 centimes qui a été fixé alors, puis maintenu dans le décret de 1852, entre la taxe imposée aux journaux de Paris et celle à laquelle sont soumis les journaux de province.

Cet écart ne pourrait être altéré aujourd'hui sans un grave dommage pour des intérêts importants.

On prétendrait en vain que le timbre des journaux de Paris étant diminué d'un tiers, soit 2 centimes sur 6, celui des journaux de province doit l'être dans des proportions identiques, soit 1 centime sur 3. Ce calcul est spécieux, mais il n'est pas exact.

On en peut juger si l'on change les termes mêmes de la question, et qu'on se base, non plus sur une diminution de l'impôt fiscal, mais sur son augmentation.

Admettant que le timbre soit augmenté d'un tiers à Paris et se trouve porté à 8 centimes au lieu de 6, le timbre en province ne pourrait pas, sans blesser l'équité, être augmenté d'un tiers seulement et porté de 3 à 4 centimes, parce que le juste équilibre existant aujourd'hui entre les deux presses rivales se trouverait rompu au profit excessif de la province. En effet, dans cette hypothèse, le journaliste de Paris serait contraint d'élever son prix d'abonnement de 8 fr. par an, pour se couvrir de la surélévation de la taxe, tandis qu'il suffirait au journaliste de province, pour s'en rédimer, d'élever son abonnement de 4 fr. seulement.

Si ces chiffres sont vrais dans le cas de l'augmentation du *tiers*, ils ne sauraient ne pas l'être dans le cas de la diminution du *tiers*.

En effet, déchargé de 2 centimes, comme le projet de loi le propose, le journaliste de Paris va pouvoir amoindrir son prix d'abonnement de 8 fr. par an, tandis que le journaliste de province, condamné à une diminution d'un centime, ne pourra réduire son abonnement que de 4 fr. seulement.

Prenant la situation actuelle comme typique, le projet de loi a ce résultat désespérant de grever la presse provinciale d'un centime nouveau de timbre, et non pas de l'en décharger; ce centime se traduit, multiplié par le chiffre du tirage de chaque journal, en des sommes énormes, c'est-à-dire en un accroissement considérable de sacrifices.

Le principe absolu de la diminution proportionnelle du tiers de la taxe actuelle n'est pas équitable. Il altère la juste pondération des charges et fait à la presse provinciale, si utile, si laborieuse, généralement si dévouée à l'Empereur, si attachée à ses devoirs d'honneur et de patriotisme, si désintéressée surtout, une situation difficile et même ruineuse.

Il est à remarquer que les journaux de province sont chacun la propriété d'un seul homme ou d'un très-petit groupe d'hommes, tandis que les journaux de Paris appartiennent pour la plupart à de grandes compagnies financières. Le système proposé par le projet de loi atteindrait donc très-gravement des fortunes particulières, au profit des grands capitalistes, sans que l'État en retirât, et bien au contraire, un avantage quelconque.

Ce qui convient, ce qui est légitime et raisonnable, c'est une diminution uniforme de 2 centimes pour Paris et de 2 centimes pour la province. De la sorte l'équilibre actuel ne sera pas rompu; aucun intérêt ne se trouvera en souffrance; le journalisme provincial pourra poursuivre son œuvre en sécurité et sans avoir à subir, par le fait de la loi, une lutte inévitablement désastreuse, dans laquelle il ne serait pas malaisé de calculer le jour où il succomberait.

Se résumant, le Congrès de la presse départementale demande, au nom de l'équité, que l'écart actuellement existant dans la taxe du timbre à Paris et en province soit rigoureusement maintenu, c'est-à-dire que cette taxe soit diminuée dans les départements d'autant de centimes que dans la capitale.

Notre système, si juste et si clair, a facilement prévalu dans les conseils de l'Empereur. Nous avons eu l'insigne honneur de le développer devant Sa Majesté elle-même, qui l'a favorablement accueilli, et le maintien de l'écart actuel a été consacré dans le projet de loi définitif délibéré par le Conseil d'État. Mais si la « constante » entre le timbre de Paris et des départements doit être conservée, ce n'est pas à dire qu'il faille absolument nous condamner aux chiffres de 6 et 3 centimes, que le Gouvernement réédite aujourd'hui après les avoir abandonnés il y a un mois. Ces chiffres étaient mauvais, puisqu'on proposait au Conseil d'État de les modifier; ils ne sont assurément pas devenus bons en quatre semaines, quoiqu'on demande au Corps législatif de les maintenir. Il nous paraît qu'il faut les réformer, et que la Chambre, sans se préoccuper des prescriptions de la loi qui va disparaître, n'a qu'à chercher les meilleures dispositions de la loi qui va surgir. Le timbre de 6 et 3 centimes, c'est le passé : ne cherchons pas à le faire survivre à la législation dont il était l'une des formules; et, tout en conservant l'écart indispensable pour que la presse départementale puisse vivre, cherchons d'autres chiffres qui deviendront l'impôt de l'avenir.

Ces chiffres, quels seront-ils?

Volontiers nous proposerions 4 centimes à Paris et 1 centime en province, quotités qui nous semblent équitables et largement suffisantes. Cependant, si le Corps législatif craignait d'altérer trop brusquement l'équilibre du budget (équilibre qu'il serait néanmoins facile de rétablir en étendant l'impôt du timbre à la presse dite littéraire, comme il serait juste de le faire), nous nous bornerions à demander 5 centimes à Paris et 2 centimes en province, pendant une période de cinq années, après laquelle une nouvelle atténuation de 1 centime serait consentie.

Cette atténuation peut ne pas être bien nécessaire à la presse parisienne; mais elle est indispensable à la presse des départements, et nous la sollicitons avec toute l'énergie d'une conviction profonde, loyale et sincère. Elle est, pour beaucoup de nos confrères, une condition essentielle d'existence; pour nous tous, elle sera un allégement à des sacrifices quotitidiens que la suppression de l'autorisation préalable va accroître, en créant autour de nous des concurrences nombreuses et peut-être redoutables.

Nous venons de dire que la modération du timbre peut n'être pas nécessaire aux journaux de Paris, protégés par des traités d'annonces extrêmement avantageux ; cependant, la réclamant pour nous, nous la demandons également pour eux. De même que l'écart de 3 centimes nous semble ne pouvoir pas être amoindri, il ne nous paraît pas devoir être augmenté. Nous ne saurions pas nous en passer sans souffrir un préjudice ruineux ; mais il est suffisant pour nous garantir contre les entreprises d'une rivalité menaçante et toujours en éveil.

Voilà, Messieurs les Députés, la situation au vrai ; voilà, dans l'espèce, l'objet de notre demande, qui se résume ainsi :

Diminution égale de l'impôt du timbre, pour Paris et la province, de 1 centime au moins pendant cinq ans, et de 2 centimes ensuite.

Nous avons la confiance que vous accueillerez favorablement cette demande, si modérée en même temps que si équitable. Nous comptons, par surcroît, que le gouvernement n'y mettra pas obstacle, après qu'il l'a lui-même justifiée et comme provoquée par la première rédaction du projet de loi sur la presse, soumis par lui à l'examen du Conseil d'État.

IV. — LE MONITEUR.

Nous appelons votre plus sérieuse attention sur le *Moniteur*, et plus spécialement sur le *Moniteur du soir*, qui, dans les conditions anormales et excessives où il se trouve, est, en réalité, l'ennemi le plus redoutable du gouvernement, le vôtre, Messieurs les Députés, et aussi celui de la presse dynastique des départements. C'est vainement qu'on chercherait à se faire illusion à cet égard : là est la vérité. Nous avons eu l'honneur de le dire aux Ministres et à l'Empereur ; nous tenons à vous le répéter quand vous allez faire une loi qui peut, en rectifiant bien des erreurs, en détruisant bien des abus, servir efficacement la grande cause de la presse, évidemment compromise par l'étrange et funeste

monopole créé en faveur d'un journal, au mépris des droits de tous les autres journaux.

Le *Moniteur* pourrait être considéré comme le modèle en action de toutes les libertés de la presse réalisées par la main même de l'État, s'il ne constituait bien plutôt, au milieu de nos institutions et de nos mœurs démocratiques, la plus fâcheuse anomalie, un ensemble d'exorbitants priviléges.

Exempt des droits de timbre et des frais de poste, s'expédiant en province par ballots, le *Moniteur du soir* surtout semble avoir été fondé dans le but de ruiner la presse départementale. Bien évidemment cela n'a jamais été la pensée du gouvernement de l'Empereur ; néanmoins, c'est un résultat qui commence à se produire, et dans des proportions dont nous ne devrions pas être les seuls à nous alarmer. Ce serait là, en effet, un développement démesuré de la centralisation dans ce qu'elle contient de plus funeste, c'est-à-dire la destruction radicale en province de toute indépendance, de toute initiative, de toute faculté créatrice, et plus encore l'affaiblissement rapide de cet esprit traditionnel où la France a su trouver le sentiment de sa force et de sa dignité, aux jours des dangers sociaux provoqués par l'effervescence parisienne.

Nous n'insisterons pas, Messieurs les Députés, sur ce côté si grave de la question. Il est de toute évidence que ni les représentants du pays, ni le gouvernement lui-même n'ont aucun intérêt à ce que les quatre-vingt-huit départements en soient réduits à n'avoir qu'un seul organe important : le grand ou le petit *Moniteur*.

Nous comprenons et nous approuvons même un *Moniteur*, organe publié par le gouvernement, portant à la connaissance du public les actes officiels, la discussion des grands corps de l'État, recevant des communications qui peuvent, à un moment donné, éclairer ou expliquer une situation politique ; mais, ce que nous ne pouvons admettre plus que vous-mêmes, c'est un journal officiel, jouissant de toutes les immunités, affranchi de toutes les taxes, investi des droits les plus extrêmes, se faisant industriel, c'est-à-dire cherchant une clientèle par le feuilleton, par des nouvelles souvent hasardées, et ajoutant à cela la publication des annonces. Il y a là, nous ne craignons pas de le dire, une atteinte grave portée au droit commun, un outrage fait à la loi commune, sans bénéfice aucun pour la société, pour le pouvoir, pour l'État.

Nous plaçant au point de vue gouvernemental, nous devons ajouter que ce n'est pas un journal fait à Paris, dans ces conditions, qui peut avoir l'influence locale et personnelle sans laquelle la coalition des partis l'emporterait trop souvent sur l'action d'une bonne et sage administration; ce n'est pas un journal fait à Paris qui serait en position d'informer le gouvernement des vœux, des besoins, du véritable état des esprits dans les régions si diverses dont se compose la grande unité nationale.

C'est dans le sens de cette glorieuse unité que nous demandons que les lois de l'équilibre intellectuel et moral sur lequel elle repose soient respectées, si l'on veut éviter de funestes ébranlements. Il est évidemment très-impolitique d'amoindrir la presse départementale; et l'on ne se contente pas de l'amoindrir : on compromet sa prospérité et son influence, on resserre incessamment son cercle d'action, on finira infailliblement par la tuer par cette concurrence d'un journal qui, délivré de toutes les charges dont nous sommes frappés, se débite à vil prix dans nos villes et dans nos campagnes, ne rendant aucun service d'une nature quelconque au gouvernement ou au pays. Si le *Moniteur du soir* est un chancre aux flancs de la presse départementale, il n'est pas une arme efficace aux mains du pouvoir : au cas où les journaux des départements ayant succombé dans une lutte inégale, il ne resterait plus au gouvernement que le *Moniteur* pour le défendre contre les attaques ennemies, on se demande s'il ne serait pas bien près de payer chèrement son erreur, tout au moins de la déplorer avec amertume.

Nous croyons qu'il est superflu de pénétrer plus avant dans cette question. Réservant de développer tous nos motifs devant votre commission chargée d'étudier le projet de loi, si elle nous fait l'honneur de nous entendre, nous nous bornons à conclure ici, Messieurs les Députés, en réclamant de votre justice que le droit commun soit appliqué au mode d'existence et de propagande du *Moniteur*.

V. — LA TAXE POSTALE

Les journaux de province n'ont pas à lutter seulement contre les envahissements du *Moniteur* : ils ont encore à se défendre contre la presse dite littéraire, qui, dans ces derniers temps, a pris un développement considérable, et qui, elle aussi, est injustement exempte des droits de timbre et de poste.

D'après le troisième paragraphe de l'article 2 de la loi du 25 juin 1856, « les journaux, recueils, annales, mémoires et bulletins périodiques, uniquement consacrés aux lettres, aux sciences, aux arts, à l'agriculture et à l'industrie, sont exceptés de la prohibition établie par l'article 1er de l'arrêté du 27 prairial an IX, s'ils sont réunis en paquets dont le poids dépasse un kilogramme, » c'est-à-dire ils sont affranchis des droits de poste, ce qui leur permet de se vendre à des conditions véritablement désastreuses pour les feuilles politiques de province.

En exemptant les feuilles littéraires du timbre et de la taxe postale, qu'a-t-on voulu ? Uniquement protéger les lettres et l'agriculture, et non pas favoriser la propagande des petits journaux remplis de nouvelles, et dont la rédaction n'est pas toujours précisément un modèle de style et de goût, propre à faire honneur à la littérature française. Ainsi, dans l'exposé des motifs de la loi du 25 juin 1856, on disait, pour justifier la faveur qu'on entendait accorder aux feuilles littéraires : « Les lettres sont la gloire de la France et contribuent au dehors à son influence; l'agriculture fait sa force et sa richesse; les publications intéressant exclusivement les lettres et l'agriculture ne peuvent donc être privées du modeste avantage que les lois anciennes accordaient aux arts, à l'industrie et aux sciences. »

On le voit, le législateur n'a pas voulu comprendre dans l'exception qu'il a faite en faveur des journaux purement littéraires, les feuilles quotidiennes qui s'expédient par les chemins de fer en ballots énormes, qui sont vendues, sur toute la surface du pays, le jour même de leur publication, par des intermédiaires attitrés, et qui comptent aussi un très-grand nombre d'abonnés. On ne pouvait prévoir en 1856 la vogue qu'obtiendraient dans l'avenir les journaux à cinq centimes et dix centimes, qu'on ne connaissait point encore, et qui, ayant pour la plupart des tirages immenses, sont consacrés exclusivement à la reproduction de nouvelles, de comptes-rendus de tribunaux, de causeries, de chroniques, de romans-feuilletons qu'on ne peut raisonnablement pas classer au nombre des œuvres littéraires que le législateur a voulu couvrir d'une protection spéciale.

La petite presse à un sou et à deux sous contribue incontestablement, avec le *Moniteur du soir*, à ruiner les journaux de province; de plus, on ne saurait nier l'intérêt considérable qu'a le Trésor à voir toutes les feuilles publiant des nouvelles rentrer dans le droit commun et n'être plus exemptées des droits de poste. Où serait donc le mal quand ces feuilles seraient vendues un peu plus cher? Pourquoi la loi les favoriserait-elle aux dépens de la presse départementale? Quelle nécessité trouve-t-on à causer à celle-ci les plus graves dommages, même à la condamner, dans un temps plus ou moins prochain, à une chute presque inévitable?

Le rapporteur de la loi du 25 juin 1856, l'honorable M. O'Quin, aurait voulu qu'on étendît aux journaux politiques qui paraissent dans les départements l'exception que l'article 2 établit en faveur des publications littéraires et scientifiques.

« Cette presse départementale, disait M. le rapporteur, qui, dans des temps de lutte, n'a pas un seul instant déserté le drapeau de l'ordre, et qui a combattu, non sans quelque courage, pour le triomphe des saines doctrines, n'a-t-elle pas droit aux encouragements du Corps législatif et du gouvernement? Un intérêt politique de l'ordre le plus élevé ne commanderait-il pas de favoriser son développement, et de ne pas la maintenir vis-à-vis de la presse parisienne dans une situation de désespérante infériorité? »

Voilà comment on s'exprimait au Corps législatif, en 1856, au sujet des journaux de province. On reconnaissait les services que ces journaux ont rendus; on tenait avec raison à les protéger contre la presse parisienne; au lieu qu'aujourd'hui on semble vouloir les écraser par la concurrence injuste du *Moniteur du soir* et par celle des journaux à cinq et dix centimes, qui ne rentrent aucunement dans le domaine des œuvres que le législateur a entendu protéger.

Mais le Corps législatif n'envisagera pas seulement l'intérêt de la presse départementale ; il verra aussi dans nos réclamations l'intérêt bien entendu du Trésor. Si le *Moniteur du soir* n'était pas exempté des droits de poste ; si la presse quotidienne dite littéraire ne profitait pas des avantages qu'elle tire arbitrairement du paragraphe 3 article 2 de la loi du 25 juin 1856, un million environ de journaux seraient mis chaque jour à la poste ; et, en admettant, ce qui serait équitable, que l'affranchissement de ces journaux fût uniformément de 4 centimes, comme il est pour les journaux politiques eux-mêmes, on aurait un nouveau revenu de 40,000 francs par jour, et, par conséquent, de 14,400,000 francs par an.

C'est en vain qu'on objecterait que la petite presse est digne de toute la sollicitude du gouvernement, parce qu'elle fait vivre quelques hommes de lettres, qu'elle occupe un certain nombre d'ouvriers, et qu'elle profite à l'industrie des fabricants de papier, des fondeurs en caractères et des fabricants de presse. D'une part, au nom de l'égalité, on est fondé à protester contre de tels arguments qui ne résistent pas au plus élémentaire examen. De plus, on a le droit de demander si les journaux de province n'ont pas aussi des rédacteurs et n'occupent pas également des ouvriers ? Est-ce qu'ils n'emploient pas des caractères, des presses et du papier ? Malgré cela ne versent-ils pas tous les ans des sommes considérables au Trésor pour les droits de timbre et de poste ?

Pourquoi ne songer toujours qu'à Paris ? Pourquoi accabler la presse de province au profit des spéculateurs parisiens, à qui on abandonne les bénéfices que procurent la publication du *Moniteur du soir* et celle des journaux dits littéraires ?

C'est à force de vouloir tout centraliser à Paris qu'on mécontente la province, qu'on lui cause de réels préjudices, et qu'on attire dans la capitale ces bons et honnêtes ouvriers de nos petites villes, qui désertent presque inévitablement leurs foyers natals quand ils n'y trouvent plus le travail nécessaire à leur existence et à celle de leurs familles.

Le Congrès est unanime, Messieurs les Députés, pour demander à votre équité de faire rentrer dans le droit commun, en ce qui concerne la taxe postale, toutes les feuilles quotidiennes qui publient des nouvelles, des comptes-rendus de tribunaux, des bulletins commerciaux, des romans-feuilletons, etc. Ce sera faire un acte de réparation et de justice ; ce sera restituer à la presse provinciale l'intégrité de sa situation, compromise mal à propos par une choquante inégalité de charges.

VI. — LE TIMBRE DES JOURNAUX NON POLITIQUES.

Il est indispensable, pour la bonne règle et le respect de l'égalité des devoirs, de soumettre à la taxe du timbre tous les journaux non politiques paraissant plus d'une fois par semaine, hors ceux spécialement consacrés à la défense des intérêts agricoles, en faisant toutefois une distinction entre les feuilles publiant des annonces et les feuilles ne publiant pas d'annonces.

Le projet de loi classe bien en deux catégories les feuilles non politiques :

Celles qui ne feront pas d'annonces seront exemptées du timbre.

Celles qui feront des annonces seront frappées d'un de timbre de :

— 2 centimes à Paris ;

— 1 centime dans les départements.

Tout en adoptant ces deux catégories, on se demande pourquoi l'immunité complète accordée à la première, et pourquoi le dégrèvement considérable stipulé en faveur de la seconde ? Est-ce qu'il existe, en effet, réellement et pratiquement, une si grande différence entre les journaux à annonces et les journaux sans annonces, que les premiers doivent être atteints légèrement par le timbre, tandis que les autres en demeureront entièrement délivrés ? Est-ce, d'autre part, que la presse dite littéraire a rendu au pays des services si éclatants ; est-ce qu'elle est un si puissant instrument de moralisation et de progrès ; est-ce qu'elle répond à des besoins si impérieux et si pressants, si honnêtes et si respectables, qu'il faille absolument l'investir de priviléges énormes, en l'affranchissant partiellement ou complétement de la taxe ?

A ces questions, Messieurs, la réponse est trop facile pour qu'il nous soit besoin de la formuler. Seulement, nous avons le droit, nous les représentants de la presse politique des départements, de nous élever contre des faveurs que rien ne justifie, et qui ont pour objet de diminuer dans de vastes proportions le nombre de nos lecteurs, en permettant aux entrepreneurs de cette littérature quotidienne d'autant plus attrayante qu'elle est parfois plus scandaleuse, de nous faire, à l'abri des avantages dont on les comble, une concurrence aisément fructueuse pour eux et inévitablement funeste pour nous.

Si la loi nous frappe, elle doit en même temps nous protéger; autrement elle cesse d'être juste pour devenir oppressive, et nous sommes autorisés à protester contre les inégalités choquantes qu'elle consacre. Mais, Dieu merci, nous sommes en présence d'un projet de loi seulement, et ce projet, Messieurs les Députés, vous avez le droit d'y demander des modifications, pour que la stricte équité ne soit pas atteinte.

Dans l'état actuel, la presse non politique paie le même timbre que la presse politique, si elle publie des annonces; elle échappe au fisc si elle ne publie pas d'annonces. Or, le projet de loi dégrève l'une dans les proportions des deux tiers, et conserve à l'autre son privilége tout entier; et ce double bienfait, si excessif, on vous propose d'y souscrire, Messieurs, lorsqu'on maintient dans son intégralité le droit si élevé qui nous frappe. Il y a là évidemment une triple erreur qui saisira vos esprits éclairés, et que vous tiendrez à rectifier.

En fait, la presse non politique *à annonces* ne saurait raisonnablement être dégrevée dans d'autres proportions que nous-mêmes. Elle profite de toutes les ressources que nous rencontrons dans l'exercice de notre industrie; délivrée du lourd fardeau du cautionnement et des dangers d'une responsabilité quelquefois très-grave, elle mène une existence calme et souvent prospère; en tout cas, jamais sa voix ne s'est élevée publiquement pour réclamer l'avantage inouï qu'on propose de lui faire, et dont l'unique résultat serait de causer un préjudice notable au Trésor, sans compensation réelle d'aucune sorte.

On cherche en vain le motif d'une telle immunité, et, ne le rencontrant nulle part, ni dans l'intérêt public, ni dans les réclamations privées, ni dans des vues de progrès, ni dans une pensée de récompense ou d'encouragement, on est bien forcé de conclure à l'encontre du projet de loi, et de demander à votre justice, Messieurs, le respect de l'égalité parfaite entre la presse non politique à annonces et la presse politique.

Quant à la presse non politique *sans annonces*, l'affranchissement de toute taxe dont on veut la faire jouir n'est point admissible, et vous n'y adhérerez point, Messieurs.

En premier lieu, on donne une prime d'encouragement à la *réclame*, qui, revêtant mille formes diverses, se multipliant de mille façons subtiles, envahira successivement les comptes-rendus, les premiers-Paris, les chroniques, tantôt avec un aspect littéraire, tantôt sous une allure scientifique, et au besoin sous les signatures les plus autorisées. Si l'on pouvait douter de ce que l'habileté avec laquelle l'écrivain peut, à cet égard, se rire de la loi et frustrer le fisc, il nous serait aisé de citer des faits nombreux, de nous autoriser même de mémorables exemples.

D'autre part, on semble environner d'une protection spéciale et absolue cette multitude de feuilles à grands tirages, dont la morale ne tire assurément guère profit, et dont la politique pourrait subir le plus grave préjudice, si, quelque jour, survenaient dans les affaires du pays des complications ou des orages. La mission du législateur, vous le savez et vous le démontrez même, est de tout prévoir. Aussi faut-il, dans les temps calmes, écarter les périls qui pourraient se manifester dans les temps tourmentés.

Nous avons eu l'honneur de vous l'exprimer plus haut, Messieurs les Députés, la presse dite littéraire, qui vient dans nos villes et dans nos campagnes, se substituer à nous, est, avec le *Moniteur du soir*, notre grande ennemie. Si nous ne craignions de faire de vous des parties quand vous devez être uniquement des juges, nous ajouterions que c'est aussi la vôtre.

Pour cette seconde catégorie des journaux non politiques nous demandons, non pas le même timbre que pour nous-mêmes, ce qui semblerait toutefois rigoureusement juste, mais un timbre de moitié seulement, qui nous protégera utilement contre des envahissements désordonnés, et sera en même temps pour le Trésor une source de produits considérables.

VII

Telles sont, Messieurs les Députés, les principales observations que, mandataires autorisés de deux cent cinquante journaux, nous devions vous soumettre à l'égard du projet de loi sur la presse. Nous avons l'entière confiance que vous en apprécierez la justesse, et que vous n'hésiterez point à partager la conviction qui nous anime.

La loi que vous allez voter assurera l'existence de la presse départementale, ou elle lui portera le plus grand préjudice. Connaissant cette
presse par son labeur opiniâtre, par son dévouement, par son application
au bien, par l'honnêteté et le désintéressement qui l'inspirent, c'est à
vous de décider, dans votre sollicitude et votre prévoyance, si elle doit
vivre indépendante, libre, sûre d'elle-même, ou si quelque intérêt supé-
rieur la condamne à s'épuiser dans des embarras, des préoccupations et
des craintes d'une nature permanente.

En ce qui nous concerne, Messieurs, il nous semble qu'elle ne saurait
être amoindrie sans un grave dommage, quand l'extension de nos libertés
va rendre plus ardentes les compétitions des partis, et que, au milieu de
passions mal apaisées, tout s'apprête de toutes parts pour des luttes d'où
peut dépendre, avec la stabilité du pouvoir, le salut même de la patrie.

Un jour, nous avons dit à l'Empereur : « Ne nous désarmez pas! » et
l'Empereur a exaucé notre vœu. A vous, nous disons : « Donnez-nous une
pleine sécurité pour que nous soyons forts. » Et nous sommes certains
d'avance que, pour nous et pour vous, c'est-à-dire pour le succès de
l'œuvre de patriotisme qui nous est commune, vous satisferez à notre
demande, à la fois raisonnable, féconde et légitime.

VIII

En résumé, nous avons l'honneur de solliciter du Corps législatif cinq
choses essentielles, qui sont des conditions vitales pour la presse de
province :

1° L'abaissement du timbre d'un centime pour tous les
journaux politiques, et de deux centimes dans cinq ans;

2° La suppression des priviléges accordés, au mépris du
droit commun, aux deux *Moniteurs*;

5° L'application d'un timbre de moitié à tous les journaux
non politiques paraissant plus d'une fois par semaine, sauf les
journaux voués aux intérêts purement agricoles;

4° L'application d'un timbre égal à celui des journaux politiques aux journaux non politiques publiant des annonces;

5° L'étendue de la taxe postale à tous les journaux indistinctement.

Nous sommes, avec un profond respect,

Messieurs les Députés,

Vos très-humbles et obéissants serviteurs,

Le Président du Congrès,

GRAS,

Propriétaire et rédacteur du *Messager du Midi*.

Les Vice-Présidents :

DE LA GRANGERIE,	CONSTANT MOISAND,
Journaliste.	Propriétaire et rédacteur du *Moniteur de l'Oise*.

Le Secrétaire :

ERNEST MERSON,

Propriétaire et rédacteur de *l'Union Bretonne*.

Paris. — Imp Emile Voitelain et C°, 15, rue J.-J.-Rousseau